Peyo

L'APPRENTI SCHTROUMPF

DUPUIS

D.1971/0089/114
ISBN 978-2-8001-0114-9 — ISSN 0771-9868
© Peyo, 1971.
© Dupuis pour les ouvrages en langue française.
Tous droits réservés.
Ⓟ Imprimé et relié par Book Partners China Ltd
R.6/2009.
www.DUPUIS.com

L'APPRENTI SCHTROUMPF

Le pays des Schtroumpfs. C'est la nuit, et dans le village endormi, seule la fenêtre du laboratoire du Grand Schtroumpf est encore illuminée.

Soudain...

Trois grains de terre de Sienne...

Une pincée de salpêtre...

!

Deux schtroumpfs d'alcali volatil... Je chauffe à feu vif...

Voyons! Hum... Oui, tout y est! Je peux schtroumpfer l'expérience!

Je verse le liquide sur cette semence...

PUF

Ça y est! J'ai réussi!

J'ai enfin schtroumpfé l'élixir de germination spontanée! Je suis content!

...Content mais fatigué! Ouäääh! Je vais me coucher! Je tombe de schtroumpf!

Formidable! Moi aussi, je veux schtroumpfer de la magie!

Voyons...Le Grand Schtroumpf a pris de l'alcali volatil...

De la terre de Sienne... Et aussi de l'acide schtroumpfique...

Je fais chauffer...

Et voilà! C'est prêt!

Je verse sur cette graine et...

BOUM

J'ai dû me schtroumpfer quelque part!

Le Grand Schtroumpf, lui, il a un grimoire avec des formules... Ah! Si seulement j'avais aussi un grimoire!

Le lendemain matin.

HOUHOU ! GRAND SCHTROUMPF ! OÙ ÊTES-VOUS ?

Qu'est-ce que tu veux ?

Grand Schtroumpf, je veux vous aider dans vos expériences ! Vous verrez, je suis schtroumpfement doué !

Mais tu es bien trop jeune, mon petit Schtroumpf ! Va plutôt jouer avec les autres, nous en reschtroumpferons plus tard !

Plus tard ! Plus tard ! Ah, mais non ! C'est maintenant que je veux faire de la magie ! Et j'en ferai, schtroumpfe que schtroumpfe !

Mais, au fait... Le Grand Schtroumpf est dans la forêt !

Si j'allais schtroumpfer un regard sur son grimoire ?

Schtroumpf ! Il a schtroumpfé sa schtroumpf à clef !

Peyo [4]

Eh bien ? Que schtroumpfes-tu là, toi ?

Ben... heu...

Je... J'étais venu pour nettoyer votre laboratoire, Grand Schtroumpf! Voilà voilà !...

Ah ? Mais c'est une bonne idée, ça ! Il fait schtroumpfement sale ici ! Mets-toi au travail !

!

Tu es un brave petit Schtroumpf!

Il paraît que Schtroumpf veut faire de la magie!

Et toutes ses expériences schtroumpfent lamentablement!

Il faudrait lui faire une farce!

Oui! Mais laquelle?

Si on lui schtroumpfait une formule? Une formule pour rire?

Oh oui! Hi! Hi! Hi!

Il faut du papier, une plume et de l'encre! Allez me schtroumpfer tout ça!

Vite! Il va sortir de chez le Grand Schtroumpf !

Voilà! C'est fini! Schtroumpfons-nous !

Ouf! Le laboratoire est propre... mais je n'ai toujours pas pu lire le grimoire!

Tiens? Qui a schtroumpfé ce papier sur ma table?

?

"Formule magique du breuvage qui assure l'obéissance des autres à celui qui en absorbe."

YOUPIII! Enfin, je vais faire de la magie!

... et trois cuillerées de poivre moulu! Une pinte de bon sang! Je mélange...

Et voilà! Il ne me reste plus qu'à boire cette potion, et tous m'obéiront! Pourvu que ça schtroumpfe!

...

GLOU GLOU GLOU

Ah! À présent, je vais vérifier l'efficacité de cette merveilleuse formule!

8

Dites, Grand Schtroumpf, donnez-moi votre grimoire qui renferme les formules magiques ! Allez, et que ça schtroumpfe !

Quoi ? Non mais, dis donc, c'est à moi que tu schtroumpfes ? Pour qui te schtroumpfes-tu ? Hein ?

PAF

HA ! HA ! HA !

On l'a bien eu !

HI ! HI ! HI !

Snif !

Jamais je ne ferai de la magie !... Si seulement j'avais un grimoire... Ah ! Mon schtroumpf pour un grimoire !

Mais... j'y songe ! Gargamel, notre ennemi, est un sorcier !

Je schtroumpferai sûrement chez lui des formules magiques !

Peyo 10

Et l'apprenti-schtroumpf franchit d'une traite l'impénétrable forêt qui entoure le pays des Schtroumpfs.

Ouf ! J'y suis !

Attention ! Voilà Gargamel !

Viens, Azraël ! Allons chercher de l'eau à la mare !

Il est parti ! Vite, profitons-en !

HUMPF !

Hourra ! Voilà exactement ce que je cherchais ! Je l'emporte !

Magicae Formulae

C'est schtroumpfement lourd, ce schtroumpf-là !

Pfff ! Je suis déjà schtroumpfé ! Je n'arriverai jamais à le schtroumpfer jusqu'au village !

Eh ! J'entends des pas qui se rapprochent...

Allons, viens, Azraël !

!

Gargamel !! Il est déjà de retour !

Puisque je ne peux pas emporter tout le grimoire...

...j'en schtroumpferai au moins une page !

SCRÄÄC !

Aïe ! Trop tard !

12

Vite !
La fenêtre !

Ouf ! Schtroumpfé !

Mon grimoire !!?... Qu'est-ce qu'il fait là ?

On a arraché une page ! Ça, je parie que c'est encore un coup de ces maudits Schtroumpfs !

Ha ! Ha ! Ha ! Ce n'est pas vrai ? C'est celle-là ? Ha ! Ha ! Ha ! Ha ! Ha ! Ils ne se doutent pas de ce qui les attend !

– Vite ! À la maison !

Et quelques heures plus tard, à la nuit tombée...

Ça y est ! J'ai une formule magique ! J'ai une formule magique !

BAM

Peyo 13

Première schtroumpf à faire:
Me barricader!
Il faut garder le secret!

Ils seront tous
schtroumpfement
étonnés!

Voyons : Liste des ingrédients
nécessaires... Bon, je
schtroumpferai ça plus tard!

Préparation...Hum!
Tout ça ne me dit
pas à quoi sert
cette formule!

Oh! Non! La suite
est sur l'autre page...
et cette page est
là-bas, dans le
grimoire de Gargamel!

Comment savoir
à quoi sert cette
formule?

Le seul moyen de le
schtroumpfer, c'est de
la réaliser!

Voyons d'abord les ingrédients!...
Hum...Oui...Bon...J'irai
schtroumpfer tout ça
demain matin!

Et le lendemain, dès l'aube...

Bon! Il me faut donc du suc... Aïe!...d'orties...

De la schtroumpf de ricin...

?

Du soufre...

SCRATCH SCRATCH

Un bolet satan...

De la chaux vive... Attention!

Des vers de vase...

Et un oeuf...Bheuääh... schtroumpfé, depuis trois semaines!

Je mélange le tout et je fais schtroumpfer à feu doux! Voilà, c'est prêt!

L'ennui, c'est que je ne sais pas quels effets va schtroumpfer cette mixture quand je vais la boire !...

J'aimerais autant que ce soit un autre qui la schtroumpfe à ma place...

Tiens ! Voilà justement le Schtroumpf gourmand qui schtroumpfe par ici !

Eh ! Schtrou-oumpf !

Oui ?

J'ai schtroumpfé un bon breuvage magique, mais je ne sais pas à quoi il sert ! Tu veux goûter ?

Oh, oui ! Miam-miam !

Poouäh ! Mais ça sent la schtroumpf, ce truc-là !

Tu peux la schtroumpfer toi-même, ta schtroumpferie !

Je vais essayer avec le Schtroumpf bêta !

Hep ! Tu veux schtroumpfer du breuvage magique ?

Non, merci ! Je n'ai pas soif !

Peyo

16

Je vais le proposer au Schtroumpf moralisateur !

Ah, non! Je ne schtroumpferai pas de ton breuvage car, comme dit toujours le Grand Schtroumpf: "Qui a schtroumpfé, schtroumpfera"! Et, puisque le Grand Schtroumpf dit que...

Comment? Tu voudrais que je schtroumpfe cette saleté et tu ne sais même pas quels seront les effets? T'es pas un peu schtroumpf, non?

Ah! Ça, c'est bien les schtroumpfs! On ne peut jamais schtroumpfer sur eux pour vous aider!

Tant pis! Je le schtroumpferai moi-même! Na!

GLOU GLOU

Mais... ma peau est verte!... Et écailleuse!...

!

Peyo 17

HOP! C'est pour moi!

Passe!

Je peux schtroumpfer avec v...

PWOUÊT

Eh! Schtroumpf musicien, si nous schtroumpfions un petit air tous les deux?

?

Heu... Plus tard! Plus tard! Excuse-moi, je suis pressé!

Mais...

Je te l'avais bien dit que ça schtroumpferait mal, mais on ne veut jamais schtroumpfer mes conseils, et après on...

Schtroumpf farceur! Ohé! Ouvre-moi! Je suis triste, et je voudrais que tu me fasses rire!

Il ne répond pas!...

Snif! Plus personne ne veut me schtroumpfer! Je suis tout seul!

20

Cette nuit-là, pendant que le Grand Schtroumpf cherchait l'antidote...

...et une larme de rosée...

Au même instant, Gargamel préparait un piège à Schtroumpfs.

HA!HA!HA!

BiNG BiNG

Et le lendemain, à l'aube...

Rien à faire ! J'ai tout schtroumpfé, mais sans résultat !

Il va falloir que je schtroumpfe cette mauvaise nouvelle à ce pauvre Schtroumpf !

?

Je suis trop malheureux comme ça ! Je vais chez Gargamel, où j'espère schtroumpfer un antidote ! Adieu ! Schtroumpf !

Vite ! Vite ! Il faut aller à la recherche de Schtroumpf ! Il est parti chez Gargamel ! Il va se faire schtroumpfer !

Courage !
Allons-y !

Personne ?...
Ouf !
Tout va bien !

Il faudrait que je reschtroumpfe le grimoire dans lequel j'ai schtroumpfé la formule !
Mais où est-il ?

Là !
Le voilà !
Le voilà !

Magicae Formulae

?

CLOP

BLAM

HA!HA!HA!
J'en tiens un !
HA!HA!HA!

Mais ... Mais qu'est-ce que ...

?

Ça y est ! La mixture a séché !

Il est paralysé !

Hi ! Hi ! Hi !

Vite ! Délivrons notre pauvre Schtroumpf !

À présent, voyons si la recette de l'antidote se schtroumpfe dans le grimoire ! Aidez-moi !

Voici la page arrachée ... Voyons ... Antidote ... Ah ! J'ai schtroumpfé !

Hmmm ... Bon ! Il y a ici tous les ingrédients nécessaires ! ... Sauf un : "Trois poils de moustache de chat" !

Schtroumpfs, il me faut des volontaires pour aller Schtroumpfer les poils de la moustache d'Azraël !

Ah, oui ?

Tiens !

Ben ...

Heu ...

Peyo

25

Je vais y aller ! C'est ma faute, ce qui est arrivé ! C'est à moi seul de courir le risque !

Attends ! On t'accompagne ! On va te schtroumpfer un coup de main !

Soyez prudents ! Nous, nous allons déjà commencer à schtroumpfer l'antidote !

Bon ! Schtroumpfez-moi de l'alcool de racines d'iris, de la poudre d'antimoine...

...Des grains d'ellébore... Une aile de schtroumpf-souris...

Bien ! À présent, schtroumpfons du feu, et au travail !

Il doit être dans la forêt !...

26

PRÊT !...

!

Schtroumpfez bon ! J'arrive !

POPS

J'ai du na... du nana... du narco... tique... ...

ZZZ

Il est perdu !

Azraël va le schtroumpfer tout cru !

ÇA Y EST !

VENGEANCE !!

Où sont-ils ? Ce n'est pas possible, ils n'ont pas déjà disparu !

Bheûheûûû ! Ils m'ont encore échappé ! C'est pas juste ! Je suis grand et fort, et eux ils sont petits et faibles, et ce sont toujours eux qui gagnent ! Bheûûû... C'est pas juste !...

Quelques jours ont passé... Tout est rentré dans l'ordre.

Tiens, si j'allais schtroumpfer une bavette avec l'apprenti Schtroumpf !...

...Bien schtroumpfer le tout à l'aide d'une spatule ! Ensuite...

!

PEYO

31

Vite ! Il faut prévenir le Grand Schtroumpf !

Si, Grand Schtroumpf, je l'ai vu ! Il est de nouveau occupé à schtroumpfer une potion magique !

Ah ! mais ça ne va pas se schtroumpfer comme ça ! Où est-il ?

Chez lui !

Entrez !

BOUM BOUM BOUM

Alors ? La leçon ne t'a donc pas suffi ? Tu recommences à schtroumpfer de la magie ?...

Mais non, Grand Schtroumpf, ce n'est pas une recette magique ! C'est la recette du baba au schtroumpf !

Peyo 32

KIS BUPP FIN Schtroumpf

PIÈGES À SCHTROUMPFS

PIÈGES À SCHTROUMPFS

Et de un !**HA!HA!HA!** Mes pièges sont au point ! Avec un peu de patience, je les aurai tous !

Je tiens enfin ma vengeance !

Moi, je n'aime pas schtroumpfer à cache-cache !

Par-là

Par-ici

? PROUF

Et de deux ! **HA!HA!HA!**

Moi, je n'aime pas les HA!HA!HA!

Oh ! La belle Fleur !

Hmm ! Quel parfum enschtroumpfant !

Ça schtroumpfe à la tête ! C'est... c'est...

POF

Et de trois ! HA!HA!HA! Ça marche !

Pour schtroumpfer heureux, schtroumpfons cachés, comme dit toujours le Grand Schtroumpf qui... Tiens ? Qu'est-ce que c'est ?

2.

Tiens, un bonnet?

Une occasion pareille, ça ne se schtroumpfe pas!

Holà! Le coup de la pierre dans le chapeau, on ne me le fait pas, à moi!

Tiens, non! Il n'y a rien!

EH!

...97...98... 99...100!

Celui qui n'est pas schtroumpfé est vu!

À moi!

Au secours!

Schtroumpfez-nous d'ici!

Inutile de crier, tu vas aller rejoindre les autres dans le sac!

!

Gargamel!? Il les a tous capturés!

Vite! Il faut prévenir le Grand Schtroumpf!

C'est terrible! Il faut aller les sauver! RASSEMBLEMENT!

Tiens? Il me reste une chaîne, et le sac est vide! Comment est-ce possible?

LE GRAND SCHTROUMPF! Il me manque le Grand Schtroumpf!

Bah! Il ne perd rien pour attendre! Je m'occuperai de lui demain!... Maintenant je vais me coucher!

AZRAËL!

EH!

Puisque je ne peux pas te faire confiance, tu passeras la nuit dans la cave! Allez!

Ah! La lumière s'est éteinte! Gargamel doit être couché! Je peux y aller!

Au travail, la vie de mes petits Schtroumpfs en dépend!

Le Grand Schtroumpf! Venez vite nous délivrer!

Chut!

Z

Je dois d'abord m'occuper de Gargamel! Mais où est Azraël?

Dans la cave!

Le Grand Schtroumpf se livre à un mystérieux travail, et quelques instants plus tard...

Houhou! Gargamel!

Hein?...Quoi?... Qu'est-ce qu'il y a?

Mais... Qu'est-ce que c'est?...

Mais c'est de L'OR!!

De l'or! Des tas de pièces d'or! Encore une! Et là, encore une autre! Il y en a partout!

Jusque dans mon coffre!

HA! HA! HA! Merci, Belzébuth!

Hmpf!

PAF

?

BOUM

CLAP

Ouf! Ça y est!

Dès que tu seras libre, tu iras schtroumpfer un coup de main aux autres!

Oui, Grand Schtroumpf!

Et voilà! Vite, au village!

Il est bête, Gargamel! Comment peut-on schtroumpfer dans un piège aussi stupide? Hi! Hi! Hi!

Je me vengerai! Je me vengerai!

FIN

Gos et Peyo 8

ROMÉOS
ET
SCHTROUMPFETTE

Cent Schtroumpfs vivaient en paix.
Une Schtroumpfette survint...
Mais ceci était une autre histoire.

Vous vous demandiez ce qu'elle était devenue.
Elle va bien.
Elle revient de temps à autre au village et
les quelques histoires que vous allez lire
vous montrent qu'elle n'a pas changé.

Peyo ✳ Y. Delporte

Mais que se schtroumpfe-t-il ? Est-ce que, par hasard...

Eh oui ! C'est le printemps !

21 MARS

Allez ! Pschht ! Ouste ! Schtroumpfez-vous !

Schtroumpferie, va !!

Alors, Schtroumpf paysan ? Encore des ennuis avec les oiseaux !

Ben oui, Grand Schtroumpf ! Et c't'épouvantail est ben trop beau que pour leur faire peur !

Et si tu demandais une statue au Schtroumpf sculpteur ?

Donc, t'as ben compris ? Y m' faut quéqu'chose qui fasse vrai !

D'accord !!

Voyons... Qui pourrais-je bien Schtroumpfer comme modèle ? Le Schtroumpf costaud ?... Le Schtroumpf à lunettes ?...

Non ! J'ai une meilleure idée !

Et voilà ! Il n'y a plus qu'à aller schtroumpfer ça dans le champ du Schtroumpf Paysan !

Hé ! hé ! Mon idée était bonne, non ? On ne voit plus d'oiseaux !

Ça, pour n'avoir plus d'oiseaux, il n'y a plus d'oiseaux, mais...

Je me demande si l'autre épouvantail ne valait pas mieux !

Ah! Je vais schtroumpfer un monument impérissable destiné aux générations futures qui y schtroumpferont le message de ma grande affection! Au travail!

TAC
TAC
TAC

Saprischtroumpf! Cette roche est schtroumpfement dure!

Et ce marteau et ce burin, c'est schtroumpfement lourd!

Pfff! Je suis schtroumpfé!

Je vais plutôt continuer au pinceau!

Ah, zut!

Plus de peinture! Je ne vais tout de même pas retourner jusqu'au village pour en reschtroumpfer!

Dis, tu n'aurais pas un morceau de craie?

?

Qui est là ?... Schtroumpfez !

Bonjour, Schtroumpfette ! C'est moi ! Je... Heu...

Oui ?

Ben voilà... Je suis venu vous schtroumpfer... heu... un petit cadeau !...

OH ! UNE FOURRURE ! Il ne fallait pas...

Mais si ! Mais si !

Elle est ma-gni-fique ! C'est une folie ! Vous n'auriez pas dû !

SMAK SMAK SMAK

Vous êtes un schtroumpf ! Il faut que je vous embrasse !

Je suis content qu'elle vous plaise ! N'oubliez pas de lui schtroumpfer une feuille de laitue tous les matins !

Une feuille de laitue ? Mais...

BAF

HIIIIIIIIII !... Qu'elle horreur ! C'est une chenille !

ZOUHUF

Je ne comprendrai jamais les Schtroumpfettes !

Soupir !

Viens, petite !

Oui, Grand Schtroumpf, je crois que je vais épouser l'un d'entre vous ! Mais je ne sais pas encore lequel !

MOI, SCHTROUMPFETTE !

NON ! MOI !

MOI !

Voyons, il n'y a pas à hésiter ! Je ne suis plus un bleu, mais je suis encore très vert, malgré mes cheveux blancs ! Et puis vous deviendriez Grande Schtroumpfette !...

Ben, heu...

Moi, je vous schtroumpferai de la musique toute la journée ! Je vous en schtroumpferai même la nuit !

Moi, je vous schtroumpferai de gros, gros gâteaux, des babas-au-schtroumpf, des schtroumpfs-de-nonne, avec plein de crème schtroumpfée...

Moi, je vous schtroumpferai des vers, ô schtroumpfette !

Té, moi, des salades et des navets, cré bon schtroumpf !

Moi, je vous schtroumpferai de belles robes !

Moi, je vous bricolerai des tas de trucs et de machins !

Moi, vous pourrez schtroumpfer sur ma force pour vous défendre !

Moi, c'est moi que vous devez schtroumpfer, car mon schtroumpf soupire, et comme dit le proverbe : Schtroumpf qui soupire n'a pas ce qu'il désire, et si mon schtroumpf n'a pas ce qu'il désire, je le dirai au Grand Schtroumpf qui...

Moi, je ne sais pas ce que je vous schtroumpferai, mais je vous le schtroumpferai !

Moi, je n'ai pas envie de me marier !

C'est lui que je veux épouser !

! !

?

Peyo 30

Hein, dites, Schtroumpfette, c'est moi que vous voulez schtroumpfer en justes noces?

Ou bien moi?

Ou moi? Il faut vous décider!

Moi!

Oui! Lequel d'entre nous schtroumpfez-vous?

Je ne sais schtroumpfement pas! Vous êtes tous si gentils!

Oui, mais moi, je suis plus gentil que les autres!

Ce n'est pas vrai, c'est moi!

Moi, je schtroumpferais n'importe quoi pour vous!

N'importe quoi? C'est vrai? Vous me schtroumpferiez mon petit déjeuner au lit, tous les matins?

Et vous schtroumpferiez tous les jours la vaisselle? Et chaque semaine la lessive?

Il faudrait aussi que vous fassiez le repassage, que vous m'aidiez à tirer les draps, schtroumpfer les poussières sur les meubles, battre les tapis...

Dévider de la laine, faire le grand nettoyage, éplucher les pommes de schtroumpf, bêcher le jardin, couper du bois, faire les lits, cirer mes chaussures, laver les carreaux, schtroumpfer les cuivres et l'argenterie, et puis aussi...

Mais... Mais où sont-ils tous passés?

Peyo

31